D0788860

Gatos siameses

Meredith Dash

ABDO
GATOS
Kids

www.abdopublishing.com

Published by Abdo Kids, a division of ABDO, P.O. Box 398166, Minneapolis, Minnesota 55439.

Copyright © 2015 by Abdo Consulting Group, Inc. International copyrights reserved in all countries.
No part of this book may be reproduced in any form without written permission from the publisher.

Printed in the United States of America, North Mankato, Minnesota.

092014
072014

THIS BOOK CONTAINS
RECYCLED MATERIALS

Spanish Translators: Maria Reyes-Wrede, Maria Puchol

Photo Credits: iStock, Shutterstock, Thinkstock

Production Contributors: Teddy Borth, Jennie Forsberg, Grace Hansen

Design Contributors: Candice Keimig, Laura Rask, Dorothy Toth

Library of Congress Control Number: 2014938826

Cataloging-in-Publication Data

Dash, Meredith.

[Siamese cats. Spanish]

Gatos siameses / Meredith Dash.

p. cm. -- (Gatos)

ISBN 978-1-62970-3077-7 (lib. bdg.)

Includes bibliographical references and index.

1. Siamese cats--Juvenile literature. 2. Spanish language materials--Juvenile literature. I. Title.

636.8--dc23

2014938826

Contenido

Gatos siameses

El gato siamés es una de las **razas** más populares.
Es un gato cariñoso y **fiel**.

Sus ojos azules son bonitos.

Tienen las orejas muy grandes.

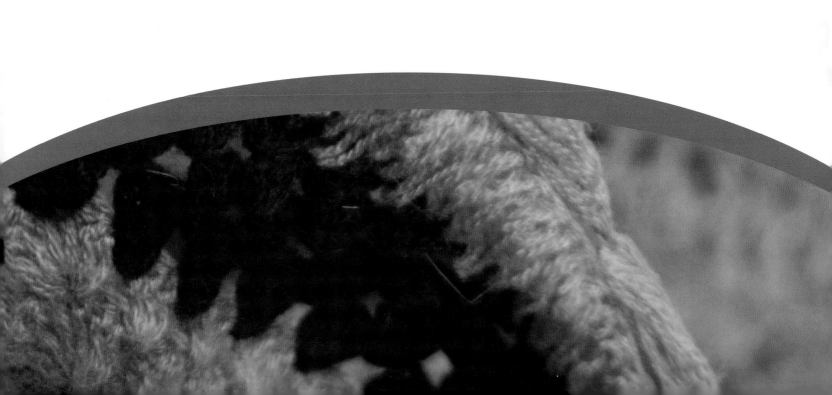

El gato siamés tiene pelo corto y de color crema.

La cara y las patas del gato siamés son de color café. Su cola también es café.

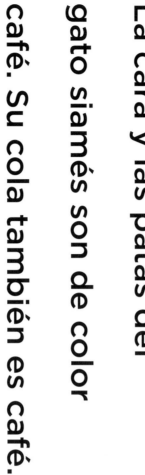

Los gatos siameses tienen
colas largas. Algunos tienen
una **curva** en la cola.

Gatos inteligentes

El gato siamés es inteligente.

Es fácil enseñarle trucos nuevos.

Personalidad

Los gatos siameses tienen un maullido grave. Maúllan cuando necesitan algo.

Los gatos siameses son **sociables**. Les gusta estar cerca de la gente y jugar.

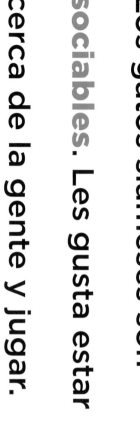

Los gatos siameses son buenos con los niños y con otros animales. Tienden a ser **fieles** a una persona en especial.

Más datos

- El gato siamés es una de las **razas** de gato más antiguas. Se cree que viene de Tailandia. Tailandia antes se llamaba Siam.

- Los gatos siameses suelen ser celosos. No les gusta que haya otro animal en la casa.

- ¡Al gato siamés se le puede enseñar a buscar una pelota!

Glosario

curva – una pequeña vuelta, un doblez o un rizo.

fiel – leal, que demuestra fidelidad hacia alguien o algo.

raza – grupo de animales con las mismas características.

sociable – amigable, que disfruta de la compañía de otros.

índice

abdokids.com

¡Usa este código para entrar a abdokids.com y tener acceso a juegos, arte, videos y mucho más!

Código Abdo Kids:
CSK0137